RECHERCHES GÉOGRAPHIQUES

Sur les Hauteurs des Plaines du royaume.
Sur les Mers et leurs Côtes presque pour tout le globe.
Et sur les diverses espèces de Montagnes.

Ouvrage accompagné de Cartes et de Figures explicatives,
à l'usage de l'instruction publique de la Jeunesse.

Par J. L. DUPAIN-TRIEL, Géographe du Roi, ci-devant Censeur Royal,
Auteur du Tableau géographique de la navigation intérieure du royaume, et du Coup
d'œil sur l'établissement de Colleges municipaux pour les Sciences, Arts et Métiers.

D'APRÈS l'ingénieux moyen de M. *Ducarla* pour exprimer les nivellemens d'un terrein quelconque, j'essaie aujourd'hui de donner un *Apperçu* des différentes hauteurs des Plaines du royaume. Nous possédons, il est vrai, les cartes de feu M. Buache pour les niveaux des fleuves et pour les chaînes des grandes montagnes tant terrestres que sous-marines ; mais nous n'avons aucune carte qui donne au moins l'apperçu des hauteurs plus ou moins considérables des Plaines de cet empire. Voilà le but du travail que je me suis proposé. Heureux si je puis le présenter sous un jour qui éclaire utilement la jeunesse à l'instruction de laquelle je l'ai spécialement consacré !

Je dis que je ne prétends donner dans cet Opuscule qu'un

A

Apperçu, qu'un Coup-d'œil général de l'ensemble des Plaines de la France, comparées dans leurs différentes hauteurs; car on conçoit combien il seroit difficile, si même la chose est entièrement possible, de se procurer des renseignemens assez nombreux, des matériaux assez sûrs pour l'exécution d'une Carte exacte et suffisamment détaillée dans ses développemens de tous les profils des hauteurs respectives des terreins, depuis un point quelconque (Paris par exemple), jusqu'à telle ou telle ville, et de celle-ci à une autre jusqu'aux extrémités du royaume (1). Nous renfermant donc dans les bornes de notre annonce, voici comment nous développons notre idée.

Nous exprimons sur notre Carte les différentes hauteurs des Plaines par des lignes ponctuées et horisontales, qui sont les graduations de leurs divers niveaux, et qui commencent par contourner les mers dont est borné le royaume au Nord, à l'Ouest et au Midi.

Le premier point, ou le point zéro d'où nous partons pour

---

(1) Si cependant cette vaste opération pouvoit donner quelqu'espérance d'exécution, ce seroit depuis la nouvelle distribution de l'empire en 83 départemens; parce que chacun de ces départemens pouvant s'occuper des principaux nivellemens des terreins qui le circonscrivent, il ne s'agiroit plus guères que d'établir dans la Capitale un bureau central où ces nivellemens envoyés partiellement, seroient assujettis à une même échelle et sur de grandes distances liés entr'eux d'un bout du royaume à l'autre : ensemble de travail dont les premiers avantages seroient de présenter de toutes parts des points connus de nivellement, soit pour la plus sûre direction des routes et grands chemins, soit spécialement pour la conduite des eaux, les canaux de navigation, le choix si difficile du point de partage et la dérivation des petits courans qui doivent en fournir le réservoir.... Et puis, à combien de personnes ces profils généraux, devenus des renseignemens publics, n'ouvriroient-ils pas les yeux sur l'illusion ruineuse de leurs projets en cette partie!

mesurer ces hauteurs, est donc, comme de raison, le niveau de la mer.

Ainsi, commençant au Nord par la mer de Dunkerque et de Calais, puis suivant celles de la Picardie, de la Normandie, de la Bretagne, et de-là jusqu'à Bayonne, remarquez que la première ligne ponctuée qui les contourne à plus ou moins d'éloignement dans ses sinuosités, est supposée ici à 10 toises au-dessus du niveau ordinaire de la mer; c'est-à-dire que tous les terreins que parcourt cette ligne ponctuée, sont à 10 toises d'élévation du premier niveau ou du point zéro; c'est-à-dire aussi que le voyageur ou le spectateur qui parcoureroit cette ligne, seroit à 10 toises au-dessus du niveau de la mer.

Observons que c'est pour ne rien présenter de confus, en rapprochant trop ces lignes ponctuées (qui seroient autant de points de nivellement), que nous nous portons tout d'un coup du point zéro à 10 toises. Les hauteurs graduées intermédiaires doivent se suppléer par des lignes occultes que nous n'exprimons pas, mais que l'esprit peut aisément se figurer.

Reprenons notre instruction : la deuxieme ligne ponctuée, tracée plus ou moins parallèlement à la premiere, est à 20 toises d'élévation de ce même point zéro; ainsi de 10 en 10 toises, d'abord jusqu'à 50. La première plaine a donc une ascension de 10 toises, la seconde de 20, la troisième de 30, la quatrième de 40, et la cinquième de 50 toises.

Arrêtons-nous un moment sur cette ligne de 50 toises au-dessus de la mer; elle est ponctuée plus fortement, pour servir comme de point de repaire, et parce que c'est, communément parlant, à cette hauteur que s'élève la plus grande partie des plaines de médiocre hauteur. Suivez donc toutes ces lignes dans tous leurs cours et leurs sinuosités, autour de tous les lieux qu'elles enveloppent, et observez que, dans tous les points de ces différens contours, vous êtes successivement à la hauteur du nivellement indiqué sur chaque ligne ponctuée.

Vous avez deux moyens pour vous reconnoître dans ces lignes tracées sinueusement. Le premier moyen s'offre dans les petits *profils* (*) *vagues* marqués par des lignes pleines sur les lignes ponctuées de nivellement, et qui sont cotées d'abord depuis 10 jusqu'à 50. Le second moyen sont les différentes couleurs appliquées sur chaque graduation de terrein. Il n'est question que de suivre l'une ou l'autre bande coloriée pour s'assurer de la hauteur de la plaine qu'elle indique ; ainsi voyez-vous la premiere graduation de plaines marquée 10, de couleur blanche, qui est celle du papier : la seconde marquée 20, couverte d'un rouge foible : la troisième 30, marquée d'un petit jaune ; la quatrième blanche : et la cinquième d'un verd léger, mais distinguée à sa lisière par un verd plus fort.

(*) Voyez (p. 12) ce que c'est que le profil d'un terrein quelconque.

Observez bien que cela a lieu *dans toute la Carte* jusqu'à la ligne ponctuée plus fortement, marquée 50.

Arrivés à ces 50 toises d'élévation de plaines, et vous aidant toujours de nos profils vaguement jettés (numérotés depuis 50 jusqu'à 100), vous voyez en couleur blanche ou celle du papier, *par toute la Carte*, la plaine qui s'étend de 50 à 60 toises d'élévation : suit celle de 60 à 70 toises marquée d'un rouge jaunâtre, puis celle de 70 à 80, distinguée par un verd d'eau ; de 80 à 90, couverte d'une couleur violette ; et de 90 à 100 d'une couleur blanche avec une lisière d'un trait de carmin, pour la mieux distinguer.

Reposons-nous encore à cette plaine de 100 toises d'ascension, pour en parcourir tous les contours sur toute la Carte ; après quoi, voyez qu'au moyen de ces mêmes couleurs diversement appliquées, et de nos petits profils numérotés, vous allez actuellement, bande par bande, de 100 à 200, à 300, à 400, à 500 toises d'élévation, selon les hauteurs des terreins, comme dans les Cévennes, le Briançonnois et les basses Pyrennées.

Elevez-vous au-delà de ces 500 toises, et, encore à l'aide de nos petits profils indicatifs, parvenez à 600, à 700, à 800, à 900, à 1000 toises et plus, et là vous vous trouverez placé ou sur le Mont-d'Or, ou le Mont-Mézin, ou le Mont-Pila, ou le Mont-Ventous, et sur les plus hauts points des Vosges : 400 toises de plus vous éleveroient sur le Mont-Canigou qui a 1448 toises d'élévation.

Que si nous voulons monter jusques sur les Alpes, nous trouverons le Mont-Blanc élevé, comme l'indique notre Carte, de 2450 toises ; nous serons encore conduits par nos profils de rampe et par les lignes de nivellement, de 1000 à 1500, puis à 2000, et enfin à 2450 toises.

Veux-je donc, dans tous les cas, au moyen de ces lignes de nivellement et de nos petits profils, connoître, par exemple, la hauteur approchée des plaines aux environs de Paris ? je vois que, suivant le profil numéroté j'arrive à la plaine marquée 20 toises d'élévation de l'un ou de l'autre côté de la seine, d'où je conclus que je suis là à 20 toises d'ascension au-dessus de la mer, ainsi que je serois à Tours, à Angers, etc. Par le même calcul je suis bien plus haut dans les plaines de Lyon, et plus bas dans celles de Bordeaux et de Nantes. Nous ne multiplions pas ces exemples ; la jeunesse n'aime pas qu'on lui dise tout, et la leçon qui lui profite davantage est celle qu'elle croit qu'on ne lui a pas donnée.

Cette explication succinte de notre Carte, pour en avoir l'intelligence, étant une fois bien développée ; tâchons actuellement de communiquer à cette masse géographique un peu de mouvement et de vie ; embrassons l'ensemble des plaines et celui des courans d'eau qui les fertilisent, en même tems qu'ils en égaient le tableau monotone : il ne s'agit que de choisir le lieu propre à ce vaste coup-d'œil.

On croit que le milieu le plus approché du royaume se trouve dans la province du Berry, aux environs d'un village appellé Vesdun, à une lieue au Midi de Culant (*). A côté de ce village paroissent deux monticules qui sont à 561 pieds d'élévation exactement mesurés au-dessus du niveau de la mer. De ce point central on a un horison circulaire de 10 à 12 lieues de rayon, lequel renferme au moins un degré quarré du milieu du royaume : par un beau jour on voit même de cet endroit les montagnes du Puy-de-Dôme et du Mont-d'Or.

Plaçons-nous donc sur ces monticules près Vesdun, et servons-nous-en comme d'un point d'où notre instrument, qui est ici notre œil, puisse observer l'ensemble des courans d'eau et des plaines.

Tournez vers le Nord, dans les terreins qu'embrassent les départemens *du Pas de Calais*, *du Nord*, *de la Somme*, *de la Seine inférieure*, *de l'Oise* et celui de *l'Aisne*; regardez les plaines s'élevant depuis 10 toises jusqu'à 30 ou 35, et même jusqu'à 50 toises aux environs de Cambrai et de Noyon, vous verrez couler dans ces vastes et fertiles plaines l'Aa, la Canche, la Somme, la Lys, la Scarpe, une partie tortueuse de la Seine jusqu'au Havre, et presque toute l'Oise, à partir de son embouchure.

Prenant ensuite *Paris* pour signal remarquable, envisagez à sa droite, dans les départemens *de Seine et de Marne*, ceux des *Ardennes*, *de la Marne*, *de l'Aube*, *de la Meuse*, *de la haute Marne* et *de la Moselle*; envisagez, dis-je, des plaines qui s'élèvent depuis 20 jusqu'à 50 toises; elles sont presque toutes coupées du Nord au Midi par la Seine, l'Aube, la Marne, l'Aisne et la Meuse.

A la droite, dans les départemens de la *Meurthe*, de la

(*) Observation due à M. le Maréchal de Croy.

Moselle, *des Vosges*, *du bas Rhin et du haut Rhin*, considérez un amphitéâtre de plaines dont le premier dégré est de 50 toises. Ces plaines sont celles de l'ancienne Lorraine, et sur tout celles montueuses des Vosges ; c'est là que serpentent l'impétueuse Moselle, la Meuse tranquille et la Meurthe tortueuse. Le pays montagneux des Vosges vous présente de hautes plaines qui s'élèvent depuis 100 jusqu'à 2 et 300 toises ; puis à cette hauteur s'offrent des plateaux qui servent de bases à des monticules presque liées les unes aux autres, qui vont jusqu'à 7, 8, et 980 toises. Redescendez avec ces montagnes, et promenez tranquillement vos regards dans les vastes et riantes plaines de l'Alsace.

A la gauche de Paris, dans les départemens de l'*Eure*, *de la Seine et de l'Oise*, *d'Eure et Loir*, *de la Sarthe*, *de la Mayenne*, *du Calvados*, *de l'Orne*, *de la Manche*, *de Lille et Villaine*, *des côtes du Nord*, *du Morbihan*, *et du Finistère*, remarquons ensemble combien les rampes des plaines s'allongent, pour ne s'élever dans ces cantons que jusqu'à 50 toises environ. C'est là du Nord au Midi et du Midi au Nord que serpentent presque tous les courans d'eau, tels que l'Eure, la Mayenne et la Sarthe, rivières ; et les petits fleuves de l'Orne, la Rance, le Guer, le Blavet et la Villaine.

Au Nord du point de Vesdun, où vous êtes encore placé, se présentent les *départemens de Loiret*, *de l'Yonne*, *du Loir et du Cher*, *de la Nièvre et celui du Cher* ; c'est vers les confins, au Midi de ce dernier département, que vous voyez les plaines s'élever jusqu'à près de 100 toises, vers le point du Vesdun où vous êtes : car celles qui sont à votre Nord ne vont guères que jusqu'à 50. Quelles sont les rivières qui s'y répandent ? C'est le Loir, le Cher, la Creuse et une partie de la Loire.

Regardez à votre Orient : se présentent à vous les *départemens de la côte d'Or, de la haute Saone, du Doubs, du Mont-Jura, de la Saone et Loire, de Rhône et Loire et de l'Ain* ; ce sont des pays de hautes plaines qui font comme un cordon élevé de 100 toises et plus, depuis Strasbourg jusqu'au fond du Roussillon. Voyez-y la Loire orageuse presque sortant de sa source au Mont-Mézin, et la Saone paisible toute entière jusqu'à son embouchure, ainsi que l'Ain et le Doubs.

Continuons : à l'Occident, des plaines qui ne s'élèvent guères que jusqu'à 50 toises par des pentes plus ou moins pressées, renferment les départemens de *l'Indre et Loire, de la Mayenne et Loire, de la Loire inférieure, de la Vendée, des deux Sevres, de la Vienne, de la Charente inférieure, de la Charente et de la haute Vienne*. Quelques unes de ces rivières coulent, comme vous le voyez, d'Orient en Occident, telles que la Loire, la Vendée et la Charente : quelques autres vont du Midi au Nord, comme la Vienne, la Gartempe, le Clain, etc.

Tournez-vous à-présent vers le Midi : dans cette position vous changez de droite et de gauche. Des plaines depuis 50 jusqu'à 100 toises d'élévation vous frappent d'abord la vue : puis, par des rampes successivement ascendantes, vous arrivez de 100 en 100 toises jusqu'au Puy-de-Dôme et jusqu'au Mont-d'Or élevé de 1048 toises au-dessus du niveau de la mer. Les départemens dans lesquels se renferme votre coup-d'œil, sont les départemens *de l'Indre, de la Creuse, de l'Allier et du Puy-de-Dôme* ; voyez-y couler les rivières dont ils ont pris le nom, presque toutes allant du Midi au Nord.

Suivant cette direction du Sud, dans les départemens de *la Correze, du Lot, du Cantal, de l'Aveirou, de la Lozère,*

du

du Tarn, de l'Hérault, de l'Aude et des *Pyrénées orientales*, vous partez de plaines de 100 toises d'élévation pour arriver de 100 toises en 100 toises, jusqu'à 500 et plus (hauteur commune des Pyrénées) ; alors vous découvrez de loin le Mont-Canigou élevé de 1447 toises. La dénomination de chaque département annonce assez quelles rivières y coulent ; presque toutes vont d'Occident en Orient où est leur source.

A votre droite, vous tournant toujours vers le Sud, des plaines de pente douce et allongée, qui ne s'élèvent au plus qu'à 50 toises, pour s'abaisser peu à peu vers la mer, sont coupées par la Dordogne et le Lot allant d'Occident en Orient, et par la Garonne, l'Adour, le Gave de Pau, d'Oléron, du Gers, etc. dont la source étant dans les Pyrénées, vont du Midi au Nord. Quels départemens parcourent-elles ? Ceux de *la Dordogne, de la Gironde, des Landes, du Lot et de Garonne, du Gers, de la haute Garonne, de l'Ariège, des hautes* et *des basses Pyrénées*. Arrêtons-nous à ces derniers départemens pour vous y faire considérer cette chaîne de montagnes qui, par une rampe douce et assez constamment égale, vous conduit jusqu'à 6 à 700 toises de hauteur, sur une longueur de près de 80 lieues depuis Bayonne jusqu'à la Méditerranée. Sur plusieurs de ces plateaux s'élèvent à 1400 et 1410 toises le Pic du Midi et celui de Leyrei, etc.

Enfin, à votre gauche, vous tournant toujours vers le Sud, c'est par des plaines dont la première expression de nivellement est de 100 toises, que nous parvenons de 100 toises en 100 toises jusqu'à 500 toises d'élévation, comme dans le Vivarais où le Mont-Mézin domine à 1047 toises, et le Ventous dans la Provence à 1436 toises. C'est beaucoup au-dessus de cette ascension que s'élève le Mont-Blanc dans les Alpes ; puisque, comme nous l'avons remarqué, il va jusqu'à 2450 toises. Ces cantons si féconds en merveilles

B

sont renfermés dans les départemens de la *haute-Loire*, de *l'Isère*, de *l'Ardèche*, de la *Drôme*, du *Gard*, des *hautes et basses Alpes*, du *Var* et des *Bouches du Rhône*. Des sites de cette nature doivent être, comme vous le voyez, parcourus avec fracas par la bruyante Ardèche, la capricieuse Durance, le fougueux Drac, dans lesquels se rendent encore des courans impétueux qui tombent précipitamment des hautes montagnes. Considérez-en le tableau majestueusement varié : ne diroit-on pas, à la rapidité de leurs flots, que ces courans cherchent à se devancer l'un l'autre dans le lit gonflé du Rhône ? Lui-même en tombant par trois Bouches à la fois dans l'abîme de la Méditerranée, il paroît être impatient de se décharger de leur immense poids.

D'après ce coup-d'œil de nivellement porté sur l'ensemble des hauteurs graduées des plaines et des courans d'eau qui les divisent, deux réflexions, je me le persuade, sont faites ici par notre élève. J'observe, nous dira-t-il, que le milieu du royaume, aux environs de Vesdun en Berry où nous sommes, présente des plaines à-peu-près de 100 toises au-dessus du niveau de la mer ; que, de-là jusqu'à Dunkerque, aucune plaine n'offre plus de hauteur, ni le Mont-Valérien, près Paris, ni Saint-Papoul au Midi dans le Languedoc, non plus que depuis Brest à l'Occident, jusqu'à Strasbourg à l'Orient. N'en peut-on pas conclure que les hautes plaines du royaume, soit à ses extrémités, soit vers son milieu, n'excèdent point 100 à 120 toises ? Ne peut-on pas penser que si certains endroits nous paroissent si élevés, quand on les compare à d'autres dont la hauteur quoiqu'égale à la leur ne semble presque pas sensible, c'est que les premiers endroits comptent de plus bas ?

Sans doute ; et c'est ainsi que Colemberg, près de Boulogne sur mer paroît être une élévation considérable, quoique son sommet ne soit tout au plus qu'au niveau des plaines du Berry : le Mont-Valérien près Paris est même au-dessous de cette hauteur.

Regardant donc toutes ces monticules placées de distance en distance, comme autant de signaux ou points de nivellement des hautes plaines de la France, sur une longueur de 200 lieues du Nord au Midi, et presque autant d'Orient en Occident, ne peut-on pas en inférer que toute l'Europe, et peut-être les autres parties du monde, ne portent guères leurs plaines hautes qu'à cette élévation ? D'où il résulteroit que le globe *plaines*, si on en excepte les montagnes primitives et leurs ramifications, n'est apparemment qu'un même niveau de terreins coupaillés en tous sens par des vallons et des ravines, desquels la seule roideur des côtes fait la différence.

La seconde réflexion que fera notre élève regarde les courans d'eau. Puisque nous remarquons, nous dira-t-il, que les terreins les plus élevés étant portés à cette hauteur de 600 pieds, sont le sommet ou le plateau des côtes, il s'ensuit que ces côtes n'ayant guères communément parlant, que 250 pieds de hauteur perpendiculaire, il ne reste plus que 350 pieds de pente jusqu'à la mer pour la chute des torrens les plus rapides et l'écoulement des rivières du plus long cours, dont la source est dans les hautes plaines; descente des eaux qui partant de cette élévation est d'autant plus roide qu'elle approche plus de la mer, puis qu'avec une égale ascension elle a moins de terrein à parcourir.

Êtes-vous donc sur les plaines les plus hautes ou à la source d'un fleuve, comme celui de la Seine ? Voyez sur notre Carte à quelle élévation de nivellement vous êtes au-dessus de la mer, par exemple à 100 toises ou 600 pieds : ôtez de cette hauteur celle de 250 pieds au plus pour l'élévation commune des rives côtières, il restera pour ce fleuve 350 pieds d'élévation dans ce lieu-là, et quelle que soit la longueur tortueuse de son cours, il n'aura que ces 350 pieds de pente pour descendre jusqu'à la mer, lui et les côtes qui lui servent d'enveloppe.

Pour achever de donner, par un exemple particulier, l'intelligence des graduations des hauteurs des plaines, nous avons marqué sur notre Carte le profil des terrains que l'on parcoureroit depuis la Gironde jusqu'au Rhône, en s'élevant au Mont-d'Or en Auvergne, et passant par les Cévennes. Ce profil est pris sur la ligne A I marquée sur la Carte : les différentes graduations et les longueurs des plaines y sont cotées d'après les points pris sur cette ligne. Si toutes les dimensions de ce profil ne sont pas rigoureusement exactes, on y puise au moins l'idée qu'on doit se former des rampes, des longueurs et des diverses élévations des plaines. Nous désirerions même que l'enfant qui étudie fût conduit comme par la main du premier point A de ce profil, jusqu'au dernier I, ensorte qu'il pût toujours se dire : « J'ai parcouru telle « rampe ou telle plaine de tant de longueur horisontale ; je « suis à telle hauteur perpendiculaire au-dessus de la mer ; « cette rivière que je rencontre n'a plus ici que tant d'élé- « vation pour la pente de ses eaux, ainsi que les courans « qui y affluent ». Nous désirerions, dis-je, amener tous les étudians à ces utiles observations qu'ils parviendroient alors à faire eux-mêmes ; car beaucoup moins de personnes, qu'on ne le croit, ont une idée bien nette de ce qu'en général on appelle profil d'un corps solide quelconque.

Qu'est-ce donc, par exemple, que le profil d'un bâtiment ? C'est la ligne que traceroit un fil appliqué sur lui depuis son rez-de-chaussée jusqu'à son faîte, appliqué, dis-je, sur tous ses corps saillans et rentrans, sur les moulures de ses plaints, de ses croisées, de ses corniches, etc. en sorte que la coupure imaginée de ce bâtiment, en cet endroit, ou la ligne exprimeroit cette coupure, présenteroit le profil cherché; je dis en cet endroit, parce que ce bâtiment étant vu d'un autre côté ou dans une autre partie, présenteroit un profil différent. De même, lorsque du point d'un terrein quelconque, comme dans le profil de notre Carte, j'en suis les rampes, soit en montant, soit en descendant; les pas que j'y fais en ligne directe tracent en plan le profil de ce terrein.

Recherches sur les Mers.

Etendons ici notre coup-d'œil du niveau des plaines sur le niveau même de la mer, pour avoir un apperçu de la formation des terres qui s'élevent au-dessus d'elle et de celles qui la couvrent, et par là, peut-être, nous représenter toute la masse du globe composé de terre et d'eau.

Je commence par chercher à me faire entendre des personnes peu familiarisées avec l'idée de la rondeur de la terre. Elles ne peuvent se la figurer telle, parce que ne parcourant d'ordinaire que de petits espaces, les descentes et les montées qu'elles y rencontrent ne leur paroissent que de foibles inégalités sur un terrein plan; mais je fais avec elles ce raisonnement:

Vous avez laissé, vous voyageurs, votre diligence dans un profond vallon, et pour en alléger le poids aux chevaux qui la traînent, vous montez tous à pied une longue et rapide montagne. Arrivés à son sommet et tournant d'impatience les yeux vers votre tardive diligence, vous restez d'abord quelques instans sans la voir, puis vous appercevez un peu l'impérial de la voiture, puis, à mesure qu'elle approche, l'ensemble de la caisse, puis le cocher, puis les chevaux, puis la diligence toute entière. D'où vient cet effet, si ce n'est de la courbure de cette montagne? Voyons la chose plus en grand : parcourez une vaste province composée de vallons et de montagnes ; à la chute du jour, considérez l'état du ciel : dans les vallons, plus vous descendez, plus vous voyez d'étoiles que vous n'aviez pas vues étant dans la plaine ; au contraire, plus vous vous élevez sur les montagnes, plus les étoiles vues dans les vallons et dans les plaines disparoissent pour vous sous l'horison ; mais vous en voyez d'autres que vous n'aviez point vues étant au bas de la montagne : ces étoiles n'ont pas cependant changé de place ; c'est donc vous qui avez tourné sur un sol rond, puisque vous n'avez vu ces étoiles que successivement; au lieu que vous les eussiez vues toutes, si l'horison se fût toujours trouvé dans le même plan (1).

Aux personnes à qui il faut rendre sensible la courbure de la mer, courbure dont elles se doutent d'autant moins que parcourant un fleuve dans toute sa longueur, elles ne se sentent point descendre; nous apporterons en témoignage de cette courbure ce que voient journellement les pilotes.

---

(1) Ne nous effrayons point de ces inégalités du globe, et n'en concluons point qu'il n'a pas la rondeur qu'on lui suppose ; songeons que le grand diamètre de la terre étant de 2874 lieues de 25 au degré, et ces inégalités du globe n'étant au plus fort que de trois petites lieues, encore très-rarement ces inégalités sont, avec son épaisseur, dans le rapport de 3 à 2874, ou de 1 à presque 1000. Or quelle inégalité, remarquée par exemple sur une orange, étant seulement répétée mille fois, n'excéderoit pas la longueur de son diamètre? Cette orange en est-elle pour cela regardée comme moins ronde?... Hé! l'homme donc, l'homme qui n'a au plus qu'une toise de hauteur, quel est son rapport avec ces 2874 lieues de diamètre qu'a la terre? Ici demeurons le front prosterné, même en tenant le compas à la main pour mesurer les cieux.

A l'aide d'un bon télescope on découvre sur mer, en tems calme, un vaisseau éloigné de 40 lieues du point où l'on est. Or, si la mer étoit plane, on appercevroit de là ce vaisseau tout entier, quelque foible qu'en fût l'image. Cependant, à cet éloignement, on ne découvre d'abord que le haut des mâts : approche-t-il un peu, on découvre les plus hautes voiles, puis par dégré, comme une planète qui monte peu à peu sur l'horison, voilà le vaisseau aussi nettement qu'entièrement découvert aux yeux des spectateurs enchantés. Or, cette apparition progressive, qu'est-ce autre chose que la preuve de la courbure de la mer ?

Cette difficulté levée, il s'en présente une autre : c'est de concevoir comment les eaux peuvent rester renfermées dans une ligne courbe, au lieu de chercher à s'étendre de niveau sur un terrein plan, comme on croit le voir journellement. Voici la solution : remarquez que tout corps pesant tend par son propre poids à tomber; l'expérience en est tous les jours sous les yeux : or l'eau est pesante; pas une seule goutte ne peut donc rester en l'air; la masse entière d'eau infiniment plus lourde n'y restera donc pas, elle tendra donc toujours à tomber de tous les points de sa courbure; et dans quel lieu cherchera-t-elle à tomber ? Vers le centre de cette circonférence sphérique. Comment cela ? Figurez-vous un vaste globe terrestre vide, dont le centre est, si l'on veut, occupé par une araignée, des pattes de laquelle partent autant de fils imperceptibles qu'il y a de points dans la surface courbe de ce globe. Cela conçu, représentez-vous chacun de ces fils dans les pattes de l'araignée comme toujours attirant à soi d'une manière irrésistible le point de terre ou d'eau qui est attaché à cette surface et qui lui correspond. Voilà l'effet de la puissance reconnue qu'a le centre du monde pour attirer à lui tous les corps qui tourbillonnent, qui gravitent dans les espaces immenses de l'univers, en pesant tous sur ce centre commun.

Ces observations familières une fois faites, nous donnons ici dans deux profils, sur la même Carte, le tableau de la mer et des terres qu'elle couvre ou qui la surmontent.

(Planche II, marquée sur la première).

Le premier présente des terres montagneuses fort elevées, puis des montagnes plus élevées encore, lesquelles s'abaissent à une très-grande profondeur dans la mer (*), et lui forment un vaste bassin où elles deviennent comme un plateau sous-marin. Ces terres se relevent par une rampe rapide, et sortent de l'eau pour offrir au-dessus de la mer un autre terrein élevé qui forme une grande isle : puis elles redescendent encore sous l'eau pour se laisser couvrir par une mer étroite qui, à son tour, laisse au-dessus d'elle s'élever une petite isle. Autour de cette isle règne encore une mer assez profonde. Du fond de son bassin sort au-dessus de son niveau un haut rocher et un autre moins considérable ; après quoi, toujours en continuation de cette chaîne de terres solides au-dessus et au-dessous de l'eau, s'élève encore une isle au pied de laquelle la mer s'approfondit et coule entre deux hautes montagnes qui lui servent de côtes, etc. etc.

(*) Voyez le profil du premier exemple.

Le second profil du niveau de la mer, la présente comme surmontée (**) non plus par des terres montagneuses, mais par des terres hautes, communes, de rapport, de 500 pieds à-peu-près d'élévation. Ces terres ne lui laissent qu'un fond plat, mais fort étendu, jusqu'à ce qu'elles-mêmes s'élevent au-dessus d'elle et offrent différentes isles peu hautes, en côtes plates ou falaises, au bas desquelles la mer roule encore sur un terrein peu creux, puis laisse voir des hauts fonds, des bancs de sables, des vigies ou bancs plats sous l'eau, et enfin des côtes plates.

(**) Voyez le profil du second exemple.

Nous faisons remarquer en passant que les terres de rapport

rongées

rongées par la mer, sont ordinairement coupées à pic : que si ces terres sont des craies, elles donnent des falaises blanches, et donnent des falaises grises si elles sont des argiles : effet des terres rongées par la mer que nous croyons assez exprimé par la petite coupe mise sur notre Carte.

Quant à la profondeur des mers, s'il en faut parler, nous savons déja que le bon plongeur descend en mer jusqu'à 100 pieds ou 20 brasses ; qu'on ne peut sonder au-delà de 200 brasses ou 1,000 pieds ; que, peut-être, avec des chaînettes de fer, si la chose étoit praticable, on iroit jusques par delà 300 brasses. Mais quelle est la profondeur la plus considérable des mers ? Pour répondre à peu près à cette question, remarquons deux choses: 1°. les plus hautes montagnes, même celles d'Asie, n'ont au plus qu'une lieue et demie ou 3,000 toises au-dessus du niveau moyen, qui est celui de la mer : 2°. les vallons secs les plus profonds de la partie sans eau étant ceux qui vont d'une pointe de ces montagnes à l'autre pointe, il ne doivent probablement avoir aussi qu'une lieue et demie de creux tout au plus ; d'où l'on peut, ce semble, conclure que la mer n'a guères de profondeur que que 3,000 toises ; en sorte que de la plus haute montagne jusqu'au creux de la plus profonde des mers, on ne peut apparemment compter que 6,000 toises ou trois petites lieues.

Nous terminerons nos observations sur les mers, en offrant au Public une Note communiquée par un marin observateur éclairé, qui a fait le tour du monde avec M. de Bougainville, en 1767, sur les côtes des mers de presque tout le Globe.

C

Côtes des Mers (1).

Mer Baltique, côtes de roche dure, avec quelques marbres.

Mer de Norvege et de Dannemarck, roche dure avec des marbres dans les enfoncemens.

Mer de Finlande, côtes dures peu hautes.

Depuis le Holstein jusqu'au *Blannès* près Calais, côtes basses sablonneuses.

Depuis *le Blannès* et les côtes d'Angleterre vis-à-vis, ce sont des falaises calcaires jusques vers Cherbourg.

De là jusques vers l'embouchure de la Loire, ce ne sont plus des calcaires, mais des côtes de rochers.

De là jusqu'à Bayonne, la côte est plate et sablonneuse.

A Bayonne, côtes dures de roc, avec partie de terre grise.

Le Portugal, jusqu'à Cadix, offre des côtes de rochers durs et écores.

De là jusqu'à Alicante, la côte est dure et de hauts rochers.

d'Alicante à Perpignan, la côte dure et de hauts rochers offre de la terre grise.

Les côtes de France sur la Méditerranée sont de deux sortes et de même étendue; l'une, de 60 lieues de Collioure jusqu'au Cap de la Couronne, est de côtes basses, plates, de rapport, qui s'allongent par succession de tems, étant l'égout de ce côté du royaume : l'autre, aussi de 60 lieues du Cap de la Couronne jusqu'à Antibes, est une côte dure, roide, escarpée, et comme telle se ronge plutôt qu'elle ne s'allonge.

D'Antibes par-delà Gênes, la côte est très-haute, dure, escarpée, étant la suite des baves de la grande masse des Alpes.

---

(1) Cette Notice est entièrement recueillie des Ouvrages Manuscrits du Maréchal de Croy.

Les côtes de l'Italie sont de terres basses et sableuses, excepté quelques parties de roc et de marbre.

Les côtes de l'Archipel sont assez basses, de roc et de sable, à l'exception de quelques grandes montagnes.

Le fond de la Méditerranée et de l'Egypte est, jusques vers Tunis, en côte basse, allongée, plate, de sable de rapport.

De Tripoli de Syrie, en remontant vers le nord, la côte s'éleve et est dure : et de Tripoli d'Afrique vers Tunis, elle s'éleve aussi en roche dure, noirâtre.

De là elle s'éleve en côte de roc dur jusqu'au détroit de Gibraltar, augmentant toujours d'élévation vers la chaîne qui communique de l'Afrique à l'Espagne.

Les côtes des Canaries sont calcaires et de falaises blanches.

Celles des isles du Cap-vert sont blanches et hautes.

La côte d'Afrique, jusques passé la ligne, est presque toute de sables et de dunes.

Vers la ligne, la côte est de roc dur et va en s'élevant jusqu'au Cap de Bonne-Espérance et là, elle est de roc de grès, et fort haute.

De là jusqu'à la côte de Mosambic, les côtes sont de falaises blanches calcaires.

Le canal de Mosambic a beaucoup de hauts fonds.

Vers la Mer Rouge, la côte est de sables.

Toute la côte de Coromandel est basse et aussi de sables.

A Sumatra, la côte est dure, haute et de roc de grès.

La côte de la Chine est plate et vaseuse.

A Java et Bornéo, elle est basse et de sable.

Les côtes du Japon sont hautes et de roc; même chose aux Philippines.

La côte du Nord de la nouvelle Guinée est de roc dur, parsemée de paquets calcaires.

Les côtes de la nouvelle Hollande sont élevées et de roc noir.

Celles du Nord de la nouvelle Bretagne sont basses et de terre: celle de l'Est est plus élevée et est de terre grise.

A l'Est de la Carpentarie, la côte qui est fort élevée est partie de roc, et partie cultivée.

Côtes des terres du Saint-Esprit : terres sèches mêlées de laves, ce qui annonce des mines.

De là, entre la ligne et les tropiques, plusieurs archipels d'isles peu élevées ; les côtes en sont de roc.

Aux chaînes des isles ou terres de l'archipel de Quiros, les côtes sont en terres basses, noyées, sableuses.

Vers Acapuler et Califournie il y a un peu de côtes basses.

Le Mexique a de hautes côtes, mais non calcaires, et beaucoup de bien écores.

Côtes du Sud du Chili, très-hautes et de roc dur à pic : Il en est ainsi de tout le détroit de Magellan.

La côte de la Patagonie, jusqu'à la baye Saint-Julien est de falaise calcaire comme au détroit de Calais. Il en est à-peu-près de même au Brésil.

De la baye Saint-Julien, jusqu'à la rivière de la Plata, la côte est basse et de sable.

Ainsi en est-il de la rivière de Plata jusqu'à l'isle S^{te}.-Catherine.

Vers Rio, les côtes sont très-hautes et de grès jusqu'à la baye de tous les Saints.

Les côtes Malouines sont de roc dur, baroque ; c'est un bon port.

Vers le fleuve des Amazones et vers Cayenne, la côte est extrêmement basse, plate, vaseuse, il y a peu d'eau ; la même espèce de côte a lieu au Mississipi.

La nouvelle Angleterre, la Virginie, etc. ont pour côtes des roches grisâtres et de sable.

La côte d'Acadie, et ce côté de l'Amérique septentrionale est de roche écore, noirâtre ou de sable, sans rien de calcaire.

(21)

La moitié de l'isle Saint-Domingue, sur-tout la partie française, offre des côtes de falaise blanche, mais fort élevées.

L'Islande a ses côtes en terres hautes et falaise du côté de l'Ouest, et celui de l'Est est de terre dure, noirâtre.

Les bords du Groënland sont inaccessibles à cause des glaces.

Au milieu du Golfe-Mexique, comme pour les Isles du Vent et sous le Vent, c'est le remond de ce grand Golfe qui a arrêté ces énormes masses de coquillages qui y sont.

Recherches sur les Montagnes (1)

Les Montagnes considérées en général sont de deux espèces : ou primitives, ou de nouvelle formation.

Montagnes primitives.

Ces montagnes sont aussi anciennes que le monde ; ce sont des chaînes ou côtes dures qui divisent le globe tant dessous que dessus l'eau. Elles paroissent l'embrasser et comme le serrer étroitement dans les masses contigues qu'elles forment, passant tantôt sous la mer, et tantôt au-dessus jusqu'à plus de 2000 toises d'élévation ou de profondeur.

Planche 3e. Fig. 1.

La matière qui forme ces montagnes est liée, solide, compacte, composée de petites masses, soit en noyaux, soit en grumeleaux irréguliers, souvent sans base, se soutenant d'eux-mêmes et ayant nécessairement (c'est leur propriété caractéristique) résisté au délaiement du déluge universel.

On conçoit que plus elles sont compactes, moins elles

---

(1) Une partie des choses que nous disons sur les Montagnes est encore puisée dans les Ouvrages Manuscrits du Maréchal de Croy. A ce savant est dû aussi le premier trait du dessin des Montagnes que nous avons achevées et perfectionnées en les faisant graver.

Fig. 2. ont de base. Les unes sont en rochers comme amoncelés,
Fig. 3. les autres en grosses masses confuses et en bloc où l'eau a marqué comme des crevasses ; les unes et les autres sont, vers le pied, couvertes de ce que les élémens en détachent et font couler de la masse : cette masse est toujours de terre inaltérable.

Comment se sont-elles formées ? Concevez bien que la matière qui les compose, subissant les loix de l'attraction, s'est arrondie comme autour d'un centre et a ainsi formé autant de petits blocs ronds. Les petites masses, ou grumeleaux ainsi formés, ont été attirées, suivant la même loi, par les plus grosses ; et de cet ensemble de parties réunies sont, pour ainsi dire, écloses les hautes et petites montagnes. Les lieux où s'est trouvé moins de matière sont devenus ce qu'on appelle les grands fonds ; les lieux où la matière a été plus abondante sont devenus les hauteurs.

Les crevasses, toujours nombreuses dans ces montagnes primitives, ont été remplies, au tems du déluge, par l'infiltration des eaux qui en ont purifié, nettoyé et cristallisé des parties : Travail intérieur de la nature dans son laboratoire d'où a résulté la combinaison et la coction des métaux, desquels le plus lourd ou le plus pur est souvent allé au fond, comme les mines, les métaux et les charbons.

Ces hautes montagnes sont quelquefois à pic, et ont peu de terres avec beaucoup de sources. On peut citer en exemple le Mont-Cothard ; quadruple, source inaccessible et intarissable, qui, placée sur les montagnes des Alpes, comme une abondante fontaine à quatre robinets dans une vaste place publique, fait jaillir en sens opposé le Pô, le Rhin, le Rhône et le Danube, quatre fleuves superbes qui ont besoin de cette élévation de source pour obtenir la pente nécessaire au long cours de leurs eaux. Que si ces fleuves coulent de si haut, on en peut naturellement conclure que les Alpes offrent peut-être le terrein le plus élevé de l'Europe. Observez que c'est toujours dans le sens des grandes chaînes de montagnes que coulent les grands fleuves.

Demandez-vous actuellement pourquoi les neiges du Mont-Gothard, du Mont-Blanc, etc., et en général des plus hautes montagnes, ne diminuent jamais ? C'est que ces neiges sont sans cesse produites par l'eau que contient l'air, et que ces montagnes s'élevant bien au-dessus des nuées, les neiges qu'on y voit sont comme des masses d'eau congelée. Ces neiges ne commencent guères à couvrir les montagnes qu'à la hauteur de 1500 toises au-dessus de la mer.

Sans doute, la base de ces montagnes s'échauffant l'Eté, doit y laisser pénétrer la chaleur sur les neiges qui s'y trouvent ; et comme il y a des crevasses dans toutes ces hautes montagnes, on peut raisonnablement penser que ces crevasses sont le principal réservoir inépuisable des grandes sources hautes ; que si les montagnes semblent attirer les nuées qui s'amassent souvent à leur sommet, c'est la masse d'eau qui cherche le réservoir ; mais ce n'est guères qu'à la hauteur de 12 à 1,500 toises que se balancent et que courent les nuées.

Ces hautes montagnes ont encore d'autres avantages bien précieux : c'est, 1°. celui de servir, ainsi que les mers, de bornes ou frontières naturelles au différens peuples, moyennant quoi les premiers conquérans se sont plus aisément partagé le théâtre de leur domination ; 2°. celui de préparer la pente nécessaire à l'écoulement des fleuves et des rivières dans l'une et l'autre province ; 3°. celui de vous faire respirer un air plus salubre, de vous nourrir d'alimens plus sains, vous abreuver d'eaux plus pures, vous rendre tout ensemble plus légers et plus vigoureux. La différence de hauteur du baromètre des hautes montagnes à celle d'un souterrain étant à raison de 16 à 30, l'habitant des régions élevées ne porte que la moitié du poids de l'air : aussi est-il plus dispos et a-t-il plus de ressort dans les muscles ; aussi les oiseaux qui planent dans les hautes régions se soutiennent-ils dans cet air raréfié où ne se soutiendroient pas les oiseaux de plaine.

Nous résumant donc sur la hauteur des montagnes primitives dans la France et ses environs, nous trouvons que

Les Alpes vont   de 1500 à 2450 toises.
Les Pyrénées   de 1200 à 1400.
Celles d'Auvergne   de 800 à 1048.
Celles des Vosges   de 700 à 980.
Celles du Languedoc de 400 à 650.

Le Mont-Valérien, près Paris, n'a que 90 toises au-dessus de la mer.

Montagnes de nouvelle formation.

Au contraire des montagnes primitives, les Montagnes nouvellement formées ont moins de sources et plus de terres ; elles ont été produites des plus grosses matières de l'espèce de bouillie générale qu'a causé le délaiement des eaux du déluge, et que les vagues qui en étoient chargées ont jetté mêlées comme elles se trouvoient, mais horisontalement les unes sur les autres : mélange confus et bizarre de matières, lequel a produit ; 1°. les plaines hautes par couches que la chute violente des grandes ravines ou vallons en pentes unies a inégalement élevées, celles-ci plus que celles-là ; 2°. les bancs de coquilles, de vases et de matières grasses mêlées de sable, d'où sont résultées les différentes couches de terres et de pierres nouvelles.

Ces montagnes nouvelles étant composées de couches horisontales

horisontales, ces couches doivent se trouver à la même hauteur de l'autre côté de la ravine qui s'est ouvert un passage au milieu d'un terrein plan, et c'est ce que nous remarquons tous les jours dans les campagnes; couches horisontales des montagnes nouvelles qui, étant de terres désunies et attenuées par le passage et l'ancienne composition des végétaux et des animaux, ont aussi filtré leurs eaux; ces eaux se mêlant et combinant différentes formes et différentes substances purifiées, ont aussi donné des substances pures, mais moins solides que celles des montagnes primitives.

Au reste, ce n'est guères qu'à 60 toises de profondeur que l'on trouveroit la terre ancienne; et c'est, par exemple, parce qu'aux environs de Paris on n'a pas encore creusé si avant, qu'on n'y découvre seulement que les couches de coquilles et de dépôts vaseux ou sableux, lesquels offrent les pierres calcaires et coquillières dont ce canton abonde.

En Espagne même, les mines de Quantalcara n'ayant que 750 pieds de profondeur (tandis que le sol est de 1,800 pieds au-dessus du niveau de la mer), il s'en faut de 1,050 pieds que ces mines s'abaissent à ce niveau et arrivent à la terre ancienne.

Dans les mines au-dessous de 500 pieds de profondeur, on ne trouve guères plus que le roc, ou le sable, ou le schit; ou le charbon.

EXPLICATION

Des Figures qui représentent les diverses espèces de Montagnes.

INDÉPENDAMMENT de l'énoncé succint que nous donnons de ces montagnes sur la Planche où elles sont gravées, nous croyons devoir ajouter l'explication suivante, dussions nous nous répéter dans plusieurs choses.

Voyez la Planche III.   A. Montagne de première formation, et par conséquent infiniment plus élevée que celle marquée D, qui est de formation nouvelle. Cette montagne A est de rocs irréguliers et durs, le tout vitrifiable. Elle donne seule les vrais filons.

B. Réservoirs, et b. Sources ou Fontaines par ressauts, lesquelles se garnissent du chariage des mines et en produisent les filons.

C. Réservoir commun, citerne naturelle où tout vient se réunir, et où chaque matière peut se mêler et se combiner de manière à faire tous les mixtes possibles, l'eau se joignant, pour cela, à des dissolvans et y ayant entraîné une quantité quelconque de toutes les parties.

D. Montagne de deuxième formation produite par les couches du déluge, lesquelles couches ont été déposées par masse dans un remond; les eaux en ont depuis miné un côté pour faire des vallons que le chariage du déluge a emporté, comme sont les grands ravins : de sorte que ce qui est resté plein est devenu montagne, eu égard au vallon. Le tout est presque calcaire.

E. Réservoir ou lac en haut, lequel par des crevasses et filons naturels peut communiquer avec celui de l'autre montagne.

EE. Eaux chargées de terres coagulables qui se sèchent par lits en coulant l'une sur l'autre, et qui ont produit les matières feuilletées, telles que les Ardoises, ect. Les parties lourdes et quartzeuses s'arrêtant au fond de chaque dessèchement, y font des bancs de travers de matières dures, et cela suivant que le liquide en séchant cesse de pouvoir les entraîner.

F. Les différens lits de terres et de pierres calcaires toujours horisontaux, et prenant le dessous des lits de marne par l'union de l'argile à la craie.

G. Bancs ou lits de Gypse cristallisé et infiltré des terres calcaires avec les eaux vitrioliques.

H. Grand banc d'argile ou terre glaise, qui, comme terre de la première espèce, plus lourde et purifiée par les filtres des animaux, a pris le dessous et retient les eaux; aussi est-ce sur ce lit que coule la principale source qui s'échappe au bout, et laisse voir sa chute sur la plaine.

I. Ancien roc ou terre ancienne de dessous, lequel dans la plupart des endroits se trouve bien plus bas: roc, dis-je, où ont coulé dans les fentes, par feuillets et par versoirs, les bitumes qui ont fait les houilles en remplissant les crevasses.

K. Vallon ou plaine composée par lits de ce que les montagnes et les débordemens ont déposé dans ces grandes ravines ou vallons, lesquels vallons ont été formés par les torrens à la retraite des eaux du déluge.

Voyez les autres espèces de montagnes gravées sur la même Planche avec l'explication de chacune d'elles : savoir les montagnes nouvelles, Fig. 4 : montagnes de Volcan, fig. 5 : montagnes sous-marines, Fig. 6 : monticules causées par les débordemens, fig. 7 : dunes, Fig. 8 : formation des vallons avec le profil, Fig. 9.

On voudra bien nous pardonner d'être entré dans quelques détails physiques sur l'article des montagnes : nous nous ferions un éternel reproche d'avoir caché à une jeunesse toujours si intéressante des lumières que nous n'avons dû acquérir ou recueillir que pour le plaisir de les lui communiquer.

De l'Imprimerie de J.-B. HÉRAULT, Imprimeur du Tribunal du 4e. Arrondissement du Département de Paris, rue de Harlay, No. 15, au Marais. 1791.

www.ingramcontent.com/pod-product-compliance
Lightning Source LLC
Chambersburg PA
CBHW060927050426
42453CB00010B/1879